Mais si l'on en croit la prévention, le Maire aurait promis en des termes qui *ne promettaient pas*, et aurait dit seulement : « *je verrai à faire mettre.* » Voir à faire mettre ! des mains françaises auraient-elles applaudi une telle locution ?

Ce fait plane sur toute la cause ; on le rencontre partout, et le jugement n'en dit rien ; il explique tout, et le jugement n'en dit rien ; si le public insiste, c'est parce que le Maire avait promis, et le jugement se tait sur la promesse ! La distinction entre l'homme public et l'homme privé ne se reproduira plus ; la justice change-t-elle de balance selon la personne dont la promesse émane ?

La morale publique a été blessée, et c'est la demande du *Tartufe* qui est poursuivie ! ! ! Quoiqu'il en soit, ô jeunes citoyens, vous dont la confiance nous honore, vous qui resterez nos amis après avoir été nos cliens, écoutez cet avis ; désormais, avant de demander le *Tartufe*, il sera prudent sans doute de savoir quels hommes sont arrivés dans vos murs ; mais avant tout, soyez esclaves de votre parole comme de la loi même, car c'est aussi une loi ; ne violez jamais la foi promise, et l'estime publique vous suivra jusque sur les bancs de la prévention.

M.⁰ Duval prouve ensuite que jamais la représentation immédiate du *Tartufe* n'avait été exigée ; on voulait qu'elle fut prochaine parce qu'on craignait ici la même influence qui avait dicté tout-à-coup la défense de jouer *Œdipe*, *Œdipe* dont les rôles étaient distribués, et que l'acteur Ligier se proposait de donner au public.

Il s'attache à prouver ensuite que les troubles des représentations postérieures à la promesse du Maire reconnaissent pour cause unique l'oubli de cette promesse, qui était dans le cercle de ses attributions municipales ; on lui laisse le tems de l'accomplir et les représentations se succèdent sans orage ; plus tard il vient dire : « j'en ai référé à l'autorité » ; c'était-là une première faute, un premier écart d'une promesse solennelle.

Le 8 Octobre le public insiste ; un Commissaire de police vient dire : « le Maire apporte la réponse, et cette réponse vous satisfera » ; un moment après, autre langage : « l'autorité refuse ; la réponse est absolument négative. »

Oter ainsi au public l'espoir dont on vient de le remplir ! oh ! l'effet était infaillible ; le public est mécontent et le témoigne ; le Maire fait baisser le rideau, invite les personnes paisibles à se retirer ; les soldats entrent, mais d'un seul côté, et la salle est évacuée. C'était le 8 ; le 12, le même procédé eût donné le même résultat.

Le 9, même insistance pour obtenir la pièce promise.

Un fait de cette soirée surprit et affligea les amis de la morale publique. Une voix connue, partie de la loge municipale, s'adresse au paradis (partie de la salle le plus souvent occupée par les soldats et les marins) : « Vous qui êtes à portée de bien voir, observez ceux qui font du bruit » au parquet ou aux loges, et signalez-les ; » et cette invitation fut suivie de deux désignations. Quoi ! une leçon publique de délation ! une partie de la salle constituée en espion de l'autre !

Le 10, fatigués du refus de la pièce promise, les jeunes gens étaient sortis ; ils rentrent tout-à-coup chacun un petit *Tartufe* à la main, et défilent processionnellement au milieu du parquet et d'une hilarité générale qui gagne jusqu'à la loge municipale ; ce trait tout empreint de la gaieté française n'est frivole qu'en apparence.

M.ᵉ Duval fait observer qu'avant le 12, il n'avait été ni affiché, ni publié, ni pris aucun arrêté municipal contraire à la promesse donnée.

Il arrive à la soirée du 12 ; l'administration peut avoir des raisons d'accorder le jeudi ce qu'elle a refusé le dimanche ; la demande ordinaire est reprise ; elle était générale, et les cris partaient de tous les points de la salle.

On criait le *Tartufe*, et rien autre chose.

Ce cri, si déplacé au théâtre : *à bas les Jésuites, à bas les Missionnaires*, n'y fut jamais proféré, jamais ; témoin la police elle-même et le fameux procès-verbal dit du 12, où se trouvent tous les cris possibles excepté celui-ci. Mais un incident de l'instruction rendit tout-à-coup sa mémoire plus présente ; ce fut le 28 octobre, plus de quinze jours après la soirée du 12, que l'on crut devoir exhumer et reprendre la soirée oubliée

TRIBUNAL CIVIL SÉANT A QUIMPER.

CHAMBRE CORRECTIONNELLE JUGEANT PAR APPEL.
PRÉSIDENCE DE M. GERMAIN.

AFFAIRE DU SPECTACLE DE BREST.

Appel du Jugement rendu le 12 Janvier 1827, par le Tribunal correctionnel de *Brest*, condamnant 14 *prévenus à* 4, 6 *et* 9 *mois de prison avec amendes.*

PLAIDOIRIE DE M.ᶜ DUVAL.

Audience du 7 Mars 1827.

Les prévenus ont été interrogés;

Monsieur le Président donne la parole aux défenseurs;

M.ᶜ Duval, chargé de plaider les faits, se lève et dit :

MESSIEURS,

L'appel émis devant vous est fondé :

1.° Si le premier jugement a méconnu les faits de la cause, les faits les plus graves et les mieux appris;

2.° Si dans l'instruction préalable et les débats, des ordonnances, des jugemens rendus sur des incidens graves, ont porté aux droits de la défense, à la publicité, des atteintes irréparables;

3.° Si les premiers juges ont puisé la preuve des culpabilités et des faits qu'ils admettent dans les sources les plus infidèles;

4.° Si, enfin, la preuve supposée faite à l'égard des appelans, les faits incriminés réduits à ce qu'il y a de vrai; rattachés aux causes qui les ont fait naître, ne constituent réellement pas des délits aux yeux de la loi, aux yeux de la morale publique.

Cette partie de la cause réveille de hautes questions dignes de la cour, dignes des talens à qui elles sont confiées. (*a*)

M.⁰ Duval reprend la première proposition et retrace les faits principaux. Le premier qu'il signale est la tranquillité dont jouissait Brest avant le 3 Septembre 1826, avant l'arrivée des Jésuites Missionnaires, et celle qui succède immédiatement à leur départ; ils partent le 22, et le 23 la paix revient, le théâtre se rouvre, l'ordre a repris son empire. (Voyez la proclamation du 23 Octobre).

Notre siècle est tout positif; il veut des faits, les recueille et prononce; c'est aux grands faits que la justice s'attache dans les grandes causes; celui-ci, aimons à le croire, sera saisi et pesé par le ministère public, comme il le sera par l'histoire.

Dans le cours de Septembre, un droit fut exercé au théâtre de Brest par le public qui le fréquente; le *Tartufe*, pièce qui est au répertoire général, y fut demandé à plusieurs reprises et avec instance.......

Tel est le noyau de la prévention; tel est le fait licite que le jugement se charge de transformer en délit, au moyen des intentions qu'il prête à ses auteurs, au moyen de faits antérieurs, *non imputés à ceux-ci*, passés hors du théâtre, laissés sans suite; à l'Eglise des grains de poudre fulminante partaient au milieu des fidèles; hors l'Eglise, et dans les rues, les cris : à bas les Jésuites, à bas les Missionnaires, avaient retenti surtout le 17 Septembre, etc.

Un fait grave réclame ici sa place.

Ce fut à l'une des représentations de Septembre, qu'aux demandes réitérées du *Tartufe*, le Maire répondit : « *Cette pièce n'est point au répertoire semainier, mais je vais l'y faire mettre;* » une salve d'applaudissemens exprima à M.ʳ le Maire qu'on prenait acte de sa promesse.

Voilà la promesse, et voilà ses termes, voilà ce que six cents personnes entendirent.

(*a*) MM. Bernard et Grivart, Avocats à la Cour royale.

du 17 septembre (*a*), où ces cris *à bas les Jésuites* avaient retenti dans la rue Bourbon, pour ne faire des deux soirées qu'une seule et même affaire ; et toutes les bouches de la police vinrent affirmer aux débats de première instance et d'appel avoir entendu au théâtre les mêmes cris que dans la rue Bourbon ! Une sorte de parenté se trouvait ainsi établie entre deux soirées si distinctes ; le nom mérité par une telle assertion est aujourd'hui bien fixé ; des témoignages imposans et nombreux ont éclairé le ministère public, et ces cris, qu'on a voulu mêler aux cris de *Tartufe*, ont été relégués dans les rues où ils avaient été réellement proférés.

M.ᵉ Duval passe aux faits d'outrages.

La demande du *Tartufe* devint tumultueuse, il est vrai, mais exempte d'outrages ; les outrages ont suivi et non précédé l'invasion de la salle par les soldats. C'est ce qui résulte et de trente témoignages dégagés de prévention et des preuves morales les plus puissantes ; ce serait placer l'effet avant la cause. Le caractère de la jeunesse française repousse l'idée d'une injure grossière et gratuite. Le premier jugement lui-même l'a rejetée, et n'admet que les outrages postérieurs à l'entrée des militaires.

Il retrace ensuite quelques scènes de cette soirée.

S'adressant au parquet, un Commissaire dit : « Je dois descendre au milieu » de vous ; mais on me suggère des craintes. » — « Descendez, il n'y a » pas d'assassin parmi nous. » Il descend ; mais appesanti par l'âge, il veut en vain monter sur un banc ; la main d'un jeune homme se présente, il la reçoit ; et avec ce secours, il va de banc en banc ; il harangue ; il insiste sur la nullité de la promesse de M. le Maire.

C'était là le grand sujet des allocutions. — On rappelait à M. le Maire sa promesse. C'est alors qu'une voix partie du fond de la loge municipale, apostrophant le parquet en masse : « Il n'y a que de la canaille et des » lâches qui puissent dire qu'il a manqué à sa parole. » Un frémissement s'est fait entendre ; mais cette jeunesse bouillante, un mot va l'appaiser ; une voix s'écrie : « C'est le fils du Maire. » Tout s'est calmé, tout se tait ; et la

(*a*) Un procès-verbal du 18 Septembre était resté jusqu'alors sans suite aucune.

piété filiale, est respectée jusque dans ses écarts. — O jeunesse trop calomniée, et pourtant si facile à satisfaire et à conduire, quand on sait parler à des âmes où tous les sentimens nobles trouvent un écho fidèle ! Honte à la main inhabile qui, au milieu de tant de ressorts généreux, ne connaît et ne sait trouver que des baïonnettes et des crosses !

L'invasion suivit de près la scène qu'on vient de décrire ; scène grave entièrement omise et supprimée par le procès-verbal. Les gendarmes introduits s'étaient avancés jusqu'au milieu du parquet ; mais là ne recevant plus d'ordre, ils s'étaient retirés sous les loges.

Le Maire avait dit : « Le directeur a des engagemens à remplir ; on » jouera ne fut-ce que devant les banquettes. » *Le rideau restait levé* ; les acteurs étaient en scène ; un officier de place venait d'intimer au directeur, de la part du Maire, l'ordre de continuer quel que fût le tumulte.

Sur la foi de ces paroles, de ce qui s'était passé le dimanche, où les soldats n'étaient entrés qu'après une invitation formelle aux personnes paisibles de se retirer, on était resté. Des dames, des pères de famille avec leurs enfans, étaient en loges ; tout-à-coup la salle est envahie.

Douze grenadiers (du régiment d'Hohenlohe) entrent au parquet par la gauche, et presqu'au même moment, douze chasseurs par la droite ; ils entrent la baïonnette au fourreau, mais sans officier civil ni militaire.
Sans officier ! on pressent, on voit déjà ce qui ne pouvait manquer d'arriver.

Les grenadiers avaient été conduits jusqu'à la porte d'entrée par un Commissaire ; mais les chasseurs ! il est resté pour constant qu'ils *n'avaient reçu aucun ordre ;* qu'ils s'étaient portés là de *leur propre mouvement*, et pour soutenir au besoin leurs camarades.

Le défaut absolu de toute sommation, de toute invitation préalable, prouvé par tant de témoins et par tant de faits qui témoignent encore plus haut, était d'abord avoué par l'autorité elle-même ; un Commissaire avait dit : « Le Maire a eu le grand tort de ne pas faire les sommations. »

Ce tort était grand, sans doute ; livrer ainsi à une force brutale et anarchique le public rassemblé pour ses plaisirs ; oh ! il aurait fallu des sommations ; on l'a bien senti ; la loi des sommations était gravée dans la conscience de l'homme public avant d'être écrite dans nos Codes ; de là à soutenir, à se persuader peut-être qu'elles avaient été faites, il n'y avait qu'un pas, et ce pas a été franchi ; de là à faire en sorte que les sommations qui avaient manqué sur les lieux se trouvassent au moins sur le papier ; de là à affirmer dans un *procès-verbal* qu'elles avaient été faites et répétées, il n'y avait qu'un pas, et ce pas est aussi franchi.... Ciel ! quel eût été le sort des prévenus ; s'il n'y avait eu entre la justice et eux que ce procès-verbal, présentant et affirmant comme vrai un fait entièrement faux, un fait capital et le plus propre de tous à assurer leur condamnation ! Avis à la loi qui ordonne de croire ces actes jusqu'à la preuve contraire qui n'est pas toujours possible.

Les soldats sont entrés, livrés à eux-mêmes, chargés de faire évacuer une salle ; ainsi laissés juges suprêmes de ce qui constituait la résistance, un mot, une fuite trop lente, tout pouvait en prendre le caractère à leurs yeux ; le premier mot qu'on entend sortir de leurs bouches est le mot allemand *schlag darauf*, frappe.

Ils frappent donc, et frappent sans provocation ; ils arrivaient là tout provoqués ; excédés de service depuis la mission, ils croyaient peut-être trouver le terme de leurs fatigues dans l'expédition dont ils étaient chargés.

Frappés à droite, repoussés quand ils voulaient sortir par la gauche, les citoyens, ainsi refoulés vers le centre, n'avaient d'autre issue que la scène, et cette retraite, opérée sous les coups de crosse, n'était ni facile ni sûre.

« Je vis en frémissant, a dit un témoin, officier supérieur, un soldat, *la
» crosse en l'air*, brandissant son arme sur un homme tranquille ; le coup
» eût été fatal, s'il l'avait atteint. »

L'un renversé entre deux bancs par un premier coup, en reçoit d'autres dans cette position.

L'autre poursuivi, se baisse et reçoit dans son chapeau le coup de baïonnette destiné à sa poitrine....; car quelques baïonnettes avaient été tirées du fourreau.

« Deux grenadiers, a dit un capitaine témoin, m'auraient frappé moi-
» même, si je n'étais parvenu à saisir leurs fusils. »

Des cris d'horreur partent des loges.... Des mains indignées ont jeté quelques banquettes, et voilà les loges aussi envahies ; sans ordre et *de leur propre mouvement* des soldats y sont accourus ; des coups sont déjà portés ; un sergent vient les en retirer.

Heureusement assistaient au spectacle des officiers de ce même régiment et des autres corps. Bravant les crosses, la chute des bancs, ils se jètent à la traverse, détournent les coups, relèvent ceux qui avaient été renversés, favorisent l'évacuation, et arrêtent le soldat prêt à franchir l'orchestre, et à poursuivre les citoyens sur la scène, leur dernier asile.....

Ce dévouement sauva tout, et le procès-verbal n'en dit pas un mot ! mais à la place il met et célèbre la prétendue intervention de ses auteurs, qui *n'intervinrent point et restèrent en loges*.

Durant ces scènes, que se passait-il à la loge municipale ? Les conseils les plus sages y étaient repoussés ; un Conseiller de Cour royale avait vainement fait des représentations. — Rassurant du geste et de la voix les dames effrayées, on leur disait : « Restez, le spectacle continuera. »

« Ne voyant que des malheurs à déplorer, a dit un témoin, l'un des
» officiers supérieurs de la place, je donnai l'avis au Maire de faire baisser
» le rideau, de faire retirer les troupes, et de faire déclarer ceux qui res-
» teraient perturbateurs. » Ce conseil sage eût assuré à la justice, s'il avait été suivi, des moyens de conviction. La justice est faite pour juger et non pas pour décimer.

Le reproche de résistance n'est pas plus fondé que celui de provocation.
« Les jeunes gens ne résistaient pas, dit encore un officier supérieur, ils
» paraient les coups et fuyaient sur la scène ; j'ai vu des crosses en l'air,
» mais pas une canne, pas un bâton. »

Un témoin, qui a bien suivi toute la scène, a vu pourtant un acte de résistance et le voici : oui, je veux me venger, dit un petit jeune homme qui était près de lui ; mais pour atteindre au grenadier qui vient de le frapper, il faut qu'il ajoute la hauteur d'un banc à la sienne ; il monte sur le banc, en s'appuyant sur le brigadier lui-même ; que fait celui-ci ? « je prends, dit-il, le petit brave, je le descends, et tout est fini. »

En procédant ainsi, les soldats se sont bientôt rendus maîtres du parquet, où ne restait qu'un groupe composé principalement d'officiers ; les soldats se rangent des deux côtés sous les loges ; les spectateurs, chassés du parquet, occupaient la scène ; le danger de la retraite retenait les autres dans les loges. Oui, c'est alors, c'est au milieu de ces scènes de violence que de tous les points de la salle l'indignation qui ne se contenait plus, adresse à la loge municipale les reproches les plus vifs, qui en d'autres tems, auraient pris le nom d'injure et d'outrages.

Enfin des conseils sages sont écoutés ; « qu'il fasse retirer la troupe et l'on sortira paisiblement ; » la parole est donnée ; sur l'ordre de M.^r le Maire, les soldats sortent, le rideau tombe, les citoyens se retirent et la salle est évacuée.

Mais pendant que l'intérieur de la salle, ainsi abandonnée à des soldats, subissait une sorte d'exécution militaire, il se passait à l'extérieur des scènes entièrement étrangères aux prévenus ; le mouvement des soldats, le bruit extraordinaire, les cris, avaient attiré et réuni sur l'esplanade du champ-de-bataille, dans l'angle de la rue Saint-Yves, une foule de personnes de tout sexe, de tout âge, des ouvriers surtout ; leurs regards inquiets se fixaient sur la porte principale, interrogeant ceux qui parvenaient à sortir ; tous se plaignaient d'avoir été maltraités ; celui-ci d'avoir reçu un coup de crosse ; l'autre un coup de baïonnette. Un père alarmé s'était écrié : aux armes, Brestois, on assassine vos fils !

Le Maire sort ; les groupes s'ébranlent et le suivent jusqu'au palais municipal. Les noms et les cris qui retentissent de toutes parts ne lui laissent aucun doute sur le sentiment qui les inspirait ; le Maire rentre, tout se disperse, et la paix publique ne fut plus troublée.

Voilà ce que tous les amis de l'ordre ont déploré en même tems que les mesures violentes qui avaient causé l'irritation et exposé la cité à un danger imminent.

Il était huit heures et demie du soir. Les groupes durent passer près du temple qui est sur le chemin de la Mairie; mais rien ne troubla, rien n'interrompit les prédications nocturnes du Père Guyon qui duraient encore.

Un témoin sortant du cercle de la prévention a parlé de la représentation du 25 Octobre. Une voix demande le *Tartufe*; les influences avaient cessé. L'autorité se rend sans effort : « Vous aurez le *Tartufe*. » — « Nous » n'en voulons plus, s'écrie-t-on; les Tartufes sont partis; les Jésuites ont » pris la poste. » Il serait difficile d'imputer le fait faux ou vrai aux prévenus, ils étaient depuis dix jours sous les verrous.

Rien dans le principe ne faisait présager ces rigueurs. Le 14, à onze heures du soir, un des Commissaires disait encore : « Je vous en donne » ma parole, il n'a été dressé *aucun procès-verbal*; qui voulez-vous qu'on » poursuive ? nulle personne bien née n'a été vue dans le rassemblement » qui a suivi le Maire. » Le 14 au soir ! et plus tard s'est rencontré dans le dossier un procès-verbal signé de ce même Commissaire, qu'une main a osé dater du 12 au soir. Heureux si la date y était le seul fait controuvé !

La veille, 13 Octobre, avait paru un arrêté de la Mairie; il se bornait à ordonner la fermeture du théâtre jusqu'à nouvel ordre; cet acte est resté un des documens les plus précieux de la cause (*a*). — *La pièce est introduite au repertoire semainier !* Et voilà la promesse tant niée prouvée par son exécution même; — *elle sera donnée aussitôt que sue....;* elle n'avait donc pas été défendue par l'autorité supérieure. Toutes les idées se troublent, quand on songe que c'est le langage contraire qui avait excité les troubles la veille, et que ces paroles : *la pièce est à l'étude et*

___

(*a*) Mairie de Brest, etc. Considérant les scènes tumultueuses et scandaleuses qui ont eu lieu au théâtre les 8, 9 et 10 du présent mois, et particulièrement hier 12, où la voix des magistrats et leurs remontrances n'ont point été écoutées, ont nécessité l'introduction de la force armée; que l'exigeance des perturbateurs pour obtenir immédiatement une pièce qui, dans le principe, *n'était point au repertoire semainier et mensuel, mais qui a été introduite, et a été livrée à l'étude pour être donnée incessamment et aussitôt que sue*, a porté le désordre à son comble; arrête : « Le théâtre de Brest est fermé jusqu'à » nouvel ordre, etc. »

sera donnée aussitôt que sue, prononcées dans la loge municipale, auraient satisfait tout le monde, et excité les plus vifs applaudissemens.

Le 16, les arrestations commencent, l'instruction s'ouvre.

M.ᵉ Duval dit qu'il a parcouru les faits principaux de la cause ; il demande et obtient le renvoi au lendemain pour le développement de ses deux autres propositions.

Audience du 8 Mars.

M. le Président accorde la parole à M.ᵉ Duval pour la continuation de sa plaidoirie.

Ce défenseur développe sa seconde et troisième proposition.

Il signale les incidens les plus remarquables de l'instruction et des débats ; les réclamations contre un mode étrange de confrontation ; les méprises auxquelles il exposait ; le fait du soldat témoin qui prend pour le prévenu l'Avocat qu'il rencontre et le reconnaît ; une blessure alléguée et trouvée fausse ; des plaintes rendues et laissées sans suite ; des témoins indiqués à M. le Juge d'instruction, et partis sans avoir été entendus ; les refus répétés de communication des actes de l'instruction préliminaire ; le rejet des interpellations les plus essentielles à la défense; le fait du rédacteur du procès-verbal surpris haranguant les soldats témoins, et leur répétant tout ce qui s'était passé dans la soirée du 12, c'est-à-dire, tout le procès-verbal, moyen infaillible de mettre leurs dépositions en harmonie parfaite avec cet acte, etc.

Il appelle et arrête long-temps l'attention sur ce procès-verbal, dont la date et la substance blessent si violemment la vérité. Il signale entr'autres faits celui de Théodore Guilhem, que cet acte présente comme ayant pris la part la plus active aux scènes incriminées du douze Octobre, qui le place à ce titre à la tête de la première cathégorie ; et le douze Octobre, Théodore Guilhem incapable de mouvement était alité, malade d'un abcès à l'aine qui le retenait au lit depuis quinze jours dans un état d'immobilité absolue ; état dans lequel douze témoins et les médecins qui l'ont traité l'ont vu tous les jours et à toutes les heures du jour. M.ᵉ Duval fait voir l'empire exercé par le procès-verbal sur des témoignages consultés exclusivement par les premiers juges ; le faux des sommations, par exemple, passant tout entier et sans scrupule de cet acte dans les dépositions qui s'y rattachent ; celle d'un témoin appelé en service extraordinaire pour la Mission, le garde GOLIOT consacrant l'insigne fausseté de la présence et de la coopération de Théodore GUILHEM à l'affaire du douze Octobre, et, poussant le zèle pour l'acte officiel qui a avancé ce fait, jusqu'à affirmer sur la foi du serment qu'il avait vu, entretenu, suivi dans les groupes les plus turbulens, entendu vociférer, l'homme alors alité depuis quinze jours, et qui même plus d'un mois après ne put (fait bien constaté par les médecins nommés par M. le Procureur du Roi) se rendre à la chambre d'instruction, devant M. le Juge LEROUX, pour y être confronté, qu'en se faisant porter étendu sur un cadre (1). M.˚ DUVAL fait valoir d'autres moyens de reproche contre les témoins qui ont soutenu la prévention ; témoins tous impliqués dans des plaintes vivantes et non purgées, où les prévenus se sont constitués parties civiles. Il termine par un résumé rapide des moyens d'appel, et fait allusion, en finissant, aux anciens griefs de la ville de Brest contre les Jésuites qui l'ont troublée plus d'une fois par des excès dont la religion et la paix ont eu long-temps à gémir.

M.˚ DUVAL a achevé sa plaidoirie, et après lui, M.˚ BERNARD prend la parole.

(1) Une plainte en faux témoignage contre le garde de police, plainte où l'on s'est constitué partie civile, a été déposée au greffe le 29 Janvier, et présentée par le Greffier à M. le Juge d'instruction, M. le Procureur du Roi, et MM. les Membres de la Chambre du conseil du Tribunal de première Instance séant à Brest. Cette plainte si grave est aussi jusqu'à ce jour (28 Avril 1827) sans suite apparente.

(2) L'opposition de Brest aux Jésuites date de loin. Brest, qui soutint un siége pour Henri IV contre la ligue, ne devait pas être favorable à ces ligueurs cloîtrés ; on en trouve la preuve et des détails curieux dans un imprimé du temps (1703) intitulé : *Requeste présentée au Roi par les sieurs curé, maire, et habitans de Brest, contre l'union de la cure de Brest, et l'attribution d'une nouvelle Eglise au seminaire royal de la marine, les artifices, les surprises et les violences des Pères de la Compagnie de Jésus.* « Les Jésuites, y est-il » dit, n'eurent pas plutôt appris qu'on agrandissait la ville de Brest (1686), qu'ils songèrent » à s'y venir habituer. » Du Folgouët où était d'abord leur séminaire, ils obtinrent, par l'entremise toute puissante du confesseur du grand Roi, le Père Lachaise, leur translation à Brest, un grand terrain, un jardin magnifique, etc. Ils eurent la double adresse de faire bâtir sur leur terrain la nouvelle Eglise qui avait été commencée ailleurs (la construction des remparts avait nécessité la démolition de l'ancienne), et d'associer leur saint Xavier à saint Louis dans la consécration de ce temple. Témoin l'inscription qu'ils firent mettre sans bruit sur la première pierre : *Sanctis Ludovico et Xaverio, Ludovicus magnus parochialem hanc Ecclesiam consecratam voluit ac patribus societatis regendam*, etc. Un député de Brest alla à Paris, les accusa ouvertement d'avoir voulu s'approprier la cure de Brest contre le gré des habitans et des saints canons ; d'avoir *troublé les consciences par leurs discours et leurs sermons;* d'avoir tout mis en usage pour les détourner de leur pasteur légitime ; que le 2 juin 1703, un Jésuite, à la tête de trente fusiliers, voulut emporter la cure d'assaut ; qu'un coup de fusil fut tiré à l'Eglise ; qu'un prêtre fut couché en joue pendant qu'il était à l'autel, etc. Un

PLAIDOIRIE DE M.ᵉ BERNARD.

Suite de l'Audience du 8 Mars.

Messieurs,

« Au milieu des troubles politiques que fait naître la division des partis, il se rencontre certaines accusations dans lesquelles les accusés, pour être justifiés, n'ont besoin que d'être entendus. Se défendre, pour eux, c'est être sauvé. Telle est devant vous la position des appelans.

» Et cependant, au pied du Tribunal qui va prononcer sur leur sort, ils sont émus, troublés; malgré eux leur œil interroge l'œil de leur juge, et cherche, au fond de ce regard impassible, quelque gage d'une bienveillance, dont ils sentent le besoin d'être soutenus. C'est la loi seule, ils le savent, qui doit décider ici entre eux et l'accusation ; mais peuvent-ils oublier, à peine encore sortis d'une cruelle épreuve, que si le sacré caractère de juge inspire à l'homme qui en est revêtu une volonté toujours droite et pure, il ne le défend pas toujours de la faiblesse commune et des passions, qui partout nous assiègent? Cette inquiétude pourrait se justifier peut-être, lorsque s'agitent tant d'intérêts, lorsque grondent encore tant d'orages, lorsque enfin c'est une vertu de se préserver d'un zèle trop ardent, et de laisser voir, si je puis le dire, une sorte d'indifférence dans l'exercice de si grands devoirs.

» Mais que parlé-je d'inquiétude? Nous sommes devant vous, Messieurs, et toute crainte s'évanouit, tous les cœurs s'ouvrent à l'espoir d'une décision, que font pressentir d'heureux présages. Et je le dis avec confiance, s'il était possible de succomber ici, du moins nous n'aurions à gémir que sur la peine, sans avoir à gémir encore sur l'injustice, qui la rend intolérable. Votre première décision est pour les prévenus le gage d'une impartialité, qui n'est qu'un devoir rigoureux, sans doute, mais qui, pour n'avoir pas excité leur étonnement, ne les en a pas moins pénétrés de reconnaissance. Quelque soit le motif qui la fasse accorder, la liberté est toujours un bienfait !

arrêt du parlement de Bretagne (30 août 1703) vint enfin réprimer tant d'audace en recevant les habitans de Brest appelans comme d'abus. Le pasteur légitime reprit le cours de ses fonctions, et la paix fut enfin rétablie.

» Ainsi, Messieurs, avant de vous demander justice, nous avons à vous rendre grace ; et quelque pressés que nous soyons de faire éclater à vos yeux les preuves de notre innocence, un sentiment plus vif encore nous agite, c'est de vous exprimer notre gratitude. Pour prolonger notre détention, on disait que notre liberté pourrait compromettre la sûreté publique: vous avez brisé nos fers, et le repos de la cité n'a point été troublé. Vous avez calmé de trop justes alarmes, vous avez rendu l'espoir à nos cœurs flétris, vous avez consolé nos familles... Encore une fois recevez nos actions de grâces, et maintenant écoutez notre justification ; elle sera complète.

» Je crois, poursuit le défenseur, qu'il convient d'abord de tracer avec exactitude le cercle dans lequel doit se renfermer la discussion, et de circonscrire le terrain sur lequel vont se rencontrer et l'accusation et la défense. Le jugement, dont nous nous plaignons, offre en ce point la plus étrange confusion ; nous la signalons à votre justice comme erreur capitale. Les faits, dont nous sommes déclarés coupables, sont fixés par le jugement même; on trouve dans ces faits, si je puis le dire, les règles de l'école d'Aristote, *unité de temps*, *unité de lieu*. C'est dans la soirée du 12 Octobre, c'est dans l'intérieur de la salle de spectacle que tout s'est passé par rapport à nous, et le jugement vient nous reprocher d'autres troubles, d'autres délits, qui se sont passés dans des lieux différens, dans des circonstances différentes ! Quelle est cette nouvelle méthode criminelle ; qui fait peser sur la tête des prévenus une responsabilité qui leur est étrangère ? Pas un seul de ces premiers faits qui remplissent les pages de la condamnation n'a été prouvé contre nous. N'importe, dit le jugement, je les reproduis, je les enregistre, et s'ils n'aggravent pas le délit, ils serviront du moins à aggraver la peine.

» C'est à vous, Messieurs, de réparer cette erreur funeste ; vous direz que le jugement ne doit reposer que sur des faits prouvés contre nous, et votre délibération, comme la discussion à laquelle nous allons nous livrer, se renfermera dans l'examen de ces trois délits, bien précisés dans le jugement même. »

M.e BERNARD examine et combat successivement les trois chefs de prévention suivans : 1.º Excitation à la haine et au mépris contre une classe de personne par des cris proférés au spectacle ; 2.° outrages publics dirigés contre le Maire de Brest, dans l'exercice et à l'occasion de ses fonctions ; 3.° coups portés aux soldats du régiment de Hohenlohe, pendant qu'ils envahissaient la salle de spectacle.

Sur le premier délit, l'avocat recherche si les personnes contre lesquelles étaient, dit-on, dirigés des cris injurieux, forment une classe légalement reconnue ; si ces cris, qui n'étaient autres que la demande de la représentation du *Tartufe*, constituent le délit d'excitation au mépris ou à la haine d'une classe.

« Ces questions, dit-il, si simples en apparence, si faciles à résoudre au premier aperçu, se rattachent, ou plutôt se confondent avec les grands intérêts qui agitent aujourd'hui tous les esprits, les questions de liberté religieuse et de liberté civile.

» Messieurs, à en croire le jugement que nous attaquons, toute cette affaire tient à un vaste complot contre la religion de l'Etat. La haine de cette religion, les outrages à ses ministres, le renversement du culte, le triomphe de la révolution, voilà l'esprit, les moyens, le but des auteurs de ce complot.

» Ah ! croyez-moi, dignes magistrats, préservez vos cœurs de ces funestes préventions, gardez de vous laisser imposer par des mots. La révolution, toujours la révolution ! Je n'y vois que deux choses : d'un côté, l'élan unanime et pur de la nation, redemandant ses titres depuis si long-temps égarés ; de l'autre, les excès des factions qui tour-à-tour envahirent le pouvoir. Si quand on parle avec horreur de cette révolution, on ne pense qu'au sang qu'elle fit répandre, nous aussi nous détournons la tête, à ce souvenir funeste. Mais si l'on confond avec ses excès, dont tous furent victimes, les droits sacrés qu'elle fit reconnaître, alors, en l'attaquant sans cesse, on attaque ces droits même. Alors ce n'est plus le mal qu'elle causa dont on gémit, c'est le bien dont elle fut la source qu'on nous envie. Tâchons d'oublier les larmes et le sang qu'elle fit verser, et sachons du moins profiter de ses bienfaits.

» C'est, dit-on, la haine de la religion qui anima les prévenus, et qui les poussa à outrager ses ministres. Non, Messieurs ; et je le dis hautement, après les preuves nombreuses fournies par les débats sur la véritable cause du désordre dont Brest a été le théâtre, et sur le caractère des hommes contre lesquels se souleva une partie de la population, on aurait dû nous épargner cette imputation odieuse. On l'a dit à la tribune, et cette vérité n'a pas rencontré de contradicteurs, l'impiété n'est pas le vice de notre époque. Dans aucun temps notre pays ne se montra plus attaché aux préceptes de la morale chrétienne ; car la liberté y trouve son plus solide appui. Jamais la parole de Dieu, si dignement annoncée par ces vieux prêtres, qui tiennent encore à l'expérience des temps passés, n'a été reçue avec plus de sincérité que de nos jours. Eux-mêmes en ont rendu plus d'un éclatant témoignage à la génération présente.

» Mais dans les rangs de ce clergé, si digne de nos respects, se glissent les membres épars d'une société fameuse, travaillant depuis un demi siècle, d'abord dans l'ombre, et maintenant au grand jour, à ressaisir sa puissance, à relever son temple abattu, à reconquérir parmi nous les priviléges dangereux, dont l'autorité royale l'avait dépouillée. Son but est connu. Elle n'en fait plus mystère. Elle proclame que la France politique et chrétienne ne peut se sauver qu'avec elle et par elle. Mais en même temps elle n'a pu se dissimuler les obstacles qui s'opposent à ses vues. Une opinion immense, où toutes les nuances politiques viennent se mêler et se confondre, proteste avec effroi contre la réhabilitation de cette société. Une immense majorité, non pas recrutée dans les dernières classes sociales, mais une majorité éclairée, influente, combat de toute sa raison, de toute sa conscience les efforts de l'institut dissous, et signale son retour au sein de la patrie comme une calamité publique. C'est cette résistance qu'il s'agit de vaincre.

» Pour y parvenir, tous les moyens doivent être employés. L'un des plus puissans est la prédication, et la prédication va prouver à toute la France, que la destruction de la société fut un fléau, que son rétablissement serait un bonheur. Messieurs, j'ai parlé d'hommes qui veulent reconstituer parmi nous un pouvoir religieux, incompatible avec nos lois, j'ai montré leur but, j'ai indiqué leurs moyens, vous avez nommé les Jésuites, et toute cette affaire est expliquée. »

Ici l'avocat établit que les trois missionnaires envoyés à Brest étaient Jésuites, et qu'ils n'avaient été repoussés par l'opinion qu'en leur qualité de Jésuites. « Je veux pour un moment, ajoute-t-il, qu'on eût crié *à bas les Jésuites !* Ce cri constitue-t-il le délit d'excitation au mépris et à la haine contre une *classe*, prévu par l'art. 10 de la loi du 25 mars 1822 ? Certes, quelqu'habitués que nous fussions dans cette cause à des choses extraordinaires, nous étions loin de nous attendre à avoir à combattre une pareille thèse. Que les Jésuites aient droit, *comme individus*, de réclamer la commune protection que les lois accordent à tous les citoyens, qui en doute ? Qu'ils puissent poursuivre la réparation d'un outrage personnel, qui songe à le contester ? Mais que, comme religieux et Jésuites, ils forment une classe, et une classe protégée par la loi spéciale du 25 mars 1822, encore une fois c'est là une proposition d'une telle violence contre toutes nos lois, qu'on peut à peine se persuader qu'elle ait trouvé place dans une décision judiciaire.

» Eh bien ! j'oppose à cette décision l'autorité de la chose jugée et l'autorité des lois : les arrêts de nos parlemens, les édits de Louis XV, et vingt lois, confirmatives de ces édits ; je lui oppose et l'arrêt de la Cour royale de Paris et la délibération de la Chambre des pairs ; je lui oppose les décisions semblables des autres nations, et je dis que si le consentement unanime des peuples est, comme on l'enseigne, une des preuves les plus fortes de la vérité, il faut croire à la justice de la condamnation des Jésuites ; car partout en Europe ils ont été jugés dangereux, et Rome même conçut moins d'espérance en les voyant s'élever qu'elle ne sentit de transports de joie en les voyant abattus. Voilà le témoignage irrécusable de l'histoire.

» Un demi siècle a passé sur les cendres de ce feu qu'ils avaient partout allumé ; elles ne sont pas froides encore, et de funestes étincelles s'en échappent. Oui, les Jésuites sont parmi nous ; car nous sommes tous divisés, tous pour ou contre eux avec autant de passion que jamais, tous gallicans ou ultramontains, alors même que la masse ne sait où elle doit placer la question peut-être.

» Quel bien, s'écrie l'avocat, quel bien ont-ils fait depuis leur retour ?

Je cherche de bonne foi, qu'on me réponde de même. Je ne veux contester ni leurs vertus privées, ni leur éloquence, ni leur savoir, je demande quel bien ils ont fait ? Au nom de la France, tourmentée par tant de discordes, qu'ont-ils fait pour la calmer ? Au nom de cette religion, qu'ils disent méprisée et haïe, qu'ont-ils fait pour la faire aimer ? On les insulte, disent-ils, on les persécute. Eh! où ont-ils vu qu'un peuple tourmenté, outragé, divisé, gardât pour lui la patience et laissât à ses adversaires le privilége de l'injure ?

» Mais, disent-ils encore, ils viennent réformer un siècle corrompu. Non, ils ne peuvent plus parler ainsi. Un homme grave, profond, et que la France a entendu et compris, leur a démontré que tout puissans pour le mal, ils ne peuvent rien pour le bien, et la Chambre haute, en couvrant de son autorité les réclamations de ce généreux citoyen, a suffisamment averti le gouvernement du Roi de la réalité du danger. Je sais que cette protestation des pairs de France est restée jusqu'à présent sans effet. Je sais que l'un des ministres du Roi a dit à la tribune que si le gouvernement ne voulait pas des Jésuites, il ne voulait pas non plus persécuter des individus sous prétexte d'opinions religieuses. D'accord. Protection et liberté pour les individus et les croyances. Mais ce n'est pas comme individus que les Jésuites ont été considérés dans cette affaire ; sous ce rapport, eux seuls auraient eu le droit de demander la réparation de l'injure s'ils s'étaient crus injuriés ; c'est comme corps religieux, comme classe enfin, et dès-lors il y a violation de ces mêmes lois, dont les pairs de France réclament l'exécution.

» Mais je rappelle ici que je n'ai raisonné que par hypothèse ; car les prévenus n'ont pas même proféré les cris : *A bas les Jésuites !* et le jugement ne leur impute que d'avoir demandé la représentation du *Tartufe*. J'ai donc maintenant à examiner si cette demande peut constituer le délit d'excitation au mépris et à la haine d'une classe de personnes.

» On nous dit qu'il n'a pas été possible de méconnaître l'*intention* des prévenus, et que cette intention était de chercher *des allusions coupables*. Je ne conteste point aux juges le droit de rechercher l'intention, mais seulement quand le fait matériel est qualifié délit. Si ce fait est innocent, l'intention ne saurait être punissable. Qu'est-ce que le *Tartufe* ? Est-ce l'église insultée ? Sont-ce les prêtres exposés au ridicule, aux outrages ? Et s'il en était ainsi, cette pièce eût-elle obtenu l'approbation publique d'un Roi, fils aîné de l'église, et serait-elle, depuis deux siècles, l'objet de l'admiration de l'Europe ? Le *Tartufe* est tout simplement la peinture d'un scélérat se couvrant du voile de la religion pour mieux tromper un bienfaiteur. Quel prêtre pourrait y voir une allusion ? et quelle autorité voudrait la faire, en refusant de laisser représenter la pièce, et, par ce refus, en écrivant elle-même, pour ainsi dire, un nom au pied de cette monstrueuse image ? La demande du *Tartufe* est donc innocente en elle-même ; c'est un fait licite, et dès-lors il n'est plus permis de rechercher l'intention. Autant vaudrait dire que les prévenus se sont promenés sur la place publique, dans le dessein d'exciter la haine contre une classe.

» Mais je veux, avec le jugement, que la demande du *Tartufe* ait eu pour but de manifester une opposition religieuse, et je dis que cette opposition n'offre rien de coupable. C'est l'exercice d'un droit qui ne peut nuire à personne. Que l'opposition religieuse se manifeste par la pratique d'un culte différent, ou par des discussions de doctrines, ou par la demande d'une pièce de théâtre, il n'importe. Elle ne constituerait un délit qu'autant qu'elle porterait atteinte à l'exercice d'un autre culte. Les premiers juges ont senti cette vérité ; car ils ont rappelé, comme pour donner à leur décision un appui indispensable, des faits particuliers qui se sont passés dans l'église. Ces faits auraient constitué le délit de trouble apporté à l'exercice du culte. Mais n'oublions pas que ces faits sont entièrement étrangers aux prévenus, auxquels on n'impute autre chose que d'avoir demandé le *Tartufe* dans l'intérieur de la salle de spectacle.

» Et ce serait là le délit spécial prévu par la loi du 25 mars 1822 ! Comment n'a-t-on pas vu que cette loi renvoie à celle du 17 mai 1819, dont l'art. 1.er définit le délit de provocation, et que rien ne saurait justifier l'étrange application qu'on en veut faire. Je pourrais concevoir qu'on excitât le mépris contre un individu par des cris, des injures proférées publiquement, par des écrits, des peintures, des placards, exposés aux regards du public. Mais, par la demande d'une pièce de théâtre, et parce que des allusions plus ou moins justes pourront y être saisies, des allusions, c'est-à-dire, des applications indirectes, et que chacun fait à sa manière! C'est là, il faut en convenir, une de ces combinaisons qu'on croirait empruntées à la doctrine de Suarès, et appliquer ainsi la loi n'est-ce pas la violer? n'est-ce pas calomnier le législateur?

» Que deviendraient à ce compte les chefs-d'œuvre de notre théâtre, et qui oserait désormais les aller applaudir! Car sans parler ici des vers fameux de l'*Œdipe*, ni de ceux de *Mahomet* (dont un pape accepta la dédicace), quelle profession, quelle classe de la société, depuis l'avocat de Brueys et les médecins de Molière, jusqu'aux marquis de Regnard et au financier de Lesage, n'ont pas été immolés à la risée du parterre? Gardez-vous cependant de rire encore de ces peintures, et surtout d'en demander la représentation; car on vous accuserait aussi d'attaquer des classes. Répétons que la demande de *Tartufe*, comme de toute autre pièce, étant un acte licite, un fait innocent, la recherche de l'intention est interdite; mais que cette intention fût-elle avouée être un acte d'opposition, ne constituerait que l'exercice d'un droit que la loi fondamentale consacre.

» Mais que parlé-je d'opposition? Le jugement que nous attaquons n'en admet pas d'autre que celle qui se manifeste par des pétitions présentées aux chambres, ce sont les termes formels du jugement même. Une seule observation suffit pour faire apprécier cette étrange doctrine; c'est qu'elle nous interdit de parler, et qu'elle efface de la Charte le droit accordé à tout Français de publier son opinion. Et voyez jusqu'où peuvent entraîner de semblables erreurs. C'est par une conséquence de ces faux principes, que ces malheureux jeunes gens, pour avoir voulu, je le suppose, opposer aux prédications des missionnaires Jésuites une représentation du *Tartufe*, ont été poursuivis et condamnés avec une rigueur sans exemple. A quoi donc auraient-ils été exposés, si au lieu de chercher dans cette pièce quelques allusions plus ou moins satiriques, ils avaient écrit et publié les lignes que voici:

» L'ultramontanisme, qui se tenait caché, a levé sa bannière sur les
» frontières de Portugal, et après avoir proscrit la Charte de Don Pedro,
» il s'est mis en marche pour la renverser. Sans doute il réserve le même
» sort à la Charte de Louis XVIII. Il faut donc non-seulement que tout

» ce qui porte une épée prenne avec lui-même l'engagement sacré de
» combattre à outrance ces nouveaux ligueurs ; mais encore que tout ce
» qui a l'habitude d'écrire redouble de zèle et d'activité pour dévoiler le
» danger de ces doctrines pernicieuses, exhumées de la poussière des siècles
» barbares, et destinées à asservir de nouveau la France sous le joug de la
» Cour de Rome. Il ne s'agit point ici de faire un appel aux passions ré-
» volutionnaires, il s'agit de défendre le trône et les libertés publiques,
» menacées avec une audace qui décèle une effrayante confiance ; il s'agit
» d'empêcher le parti du clergé, rebelle aux maximes de l'église de France,
» de s'emparer de la société politique par le ministère, et de la société
» civile par le droit de former l'union conjugale ; il s'agit enfin de l'empê-
» cher de rétablir les effets civils de l'excommunication, qu'elle a osé conce-
» voir la pensée de faire revivre dans leur ancienne rigueur, afin de sub-
» juguer à la fois le prince par le fanatisme des sujets, et les sujets par le
» fanatisme du prince. »

» Et qui a écrit cela ? Un homme grave, un ami dévoué de la monarchie, un magistrat profond, M. Cottu enfin, conseiller de la première
Cour royale du royaume, et honoré de la confiance du gouvernement
dans d'importantes missions. En obéissant ainsi aux avis de sa conscience,
en publiant des vérités utiles au bien du pays, ce magistrat a fait un acte
d'opposition. Personne a-t-il songé à y voir le délit d'excitation à la haine
du clergé ? Et nous, pour avoir demandé le *Tartufe*, pour cet acte d'une
opposition inoffensive, pour ce fait si simple en lui-même, mais transformé
tout-à-coup en une sorte de sacrilège, nous nous sommes vus poursuivis,
accusés des plus graves délits, frappés de peines rigoureuses, et présentés à
nos concitoyens comme les criminels auteurs d'un complot tendant au renversement de la religion de l'Etat. Vous ferez justice, Messieurs, de cette
cruelle exagération, que vous allez retrouver encore dans les autres parties
du jugement. »

M.⁰ Bernard passe au second chef de prévention. Il s'étonne de voir les
fautes de l'administration transformées en délits des administrés et ceux-ci
condamnés pour des désordres dont ils furent victimes. S'appuyant des témoignages, il soutient que l'autorité a agi très-imprudemment, soit en
employant la force armée sans nécessité, soit en la faisant agir sans chefs,

soit en négligeant de faire les sommations. Quant aux injures proférées, on ne peut considérer comme un délit d'outrages un de ces mouvemens irrésistibles de l'âme, un de ces élans invincibles de notre nature à la vue d'un péril imminent. Il repousse avec chaleur un système d'interprétation, qui ferait de notre Code criminel, déjà si rigoureux, un recueil de lois draconiennes, et il cite les paroles de l'honorable M. GAUTHIER, député de la Gironde, qui, en sacrifiant, dit l'orateur, à sa conviction et au besoin de l'exprimer, l'amitié même d'un ministre, s'est élevé si haut dans l'opinion publique.

Le troisième chef de délit lui paraît encore plus extraordinaire, plus incompréhensible que les deux autres. C'est celui d'avoir frappé les soldats de Hohenlohe. « Qui! nous! s'écrie-t-il, nous désarmés! nous surpris par cet envahissement subit! nous, enfin, avec des poings et des cannes, avoir attaqué des crosses et des baïonnettes! »

L'avocat soutient que les citoyens n'ont fait qu'user d'un droit naturel, et que leur résistance à l'abus de la force fut légale.

« Messieurs, continue l'orateur, je ne sais, en vérité, ce qu'on doit le plus admirer dans cette affaire, ou de l'oubli de toute loi quand on lance la force armée sur les citoyens, ou de l'oubli de toute raison, quand on veut les faire châtier pour des excès dont ils furent les victimes!

» Mais, grâce à Dieu, un dernier refuge nous reste. Tout en reconnaissant les droits de l'autorité, à laquelle nous sommes loin d'en disputer aucun, vous saurez protéger ceux des citoyens pour qui seuls elle devrait être établie. Vous jugerez sa conduite et la nôtre. Vous ne céderez à d'autres considérations qu'aux inspirations de votre conscience ; et dans ce moment où s'épouvantent tous les esprits, où sont mis en question nos droits les plus précieux, où l'on menace encore le pacte dont nos destinées dépendent, vous calmerez, autant qu'il est en vous, l'agitation qui partout se fait sentir. Vous vous joindrez au reste de la magistrature, espoir de la nation, et à cette Chambre haute, où brillent tant d'illustrations, et à laquelle est due déjà tant de reconnaissance. Vous prouverez enfin que si une faction dangereuse est toujours en guerre contre les lois, il se trouve du moins des juges qui savent les défendre. »

M.ᵉ Bernard termine par un tableau des transports de joie qu'excitera dans les murs de Brest la décision des juges d'appel. « Les entendez-vous, s'écrie-t-il, ces accens de la reconnaissance publique ! Ils célèbrent la justice du souverain si dignement rendue ! ils bénissent vos noms qui volent de bouche en bouche ! C'est le jour de la réconciliation générale, et ce sera votre ouvrage !... »

L'orateur s'asseoit au milieu d'un murmure d'approbation et des félicitations de tous ceux qui l'entourent.

Après la plaidoirie de M.ᵉ Bernard, M.ᵉ Poulizac, pour les appelans, prend et lit des conclusions motivées tendant à l'annullation et réforme des jugemens attaqués.

M.ʳ Dubodan, Procureur du Roi, ne voulant pas scinder sa plaidoirie, demande le renvoi au lendemain attendu l'heure avancée.

L'audience du neuf est entièrement consacrée au réquisitoire de Monsieur le Procureur du Roi ; il parle et est écouté pendant trois heures dans le plus grand silence M.ᵉ Grivart, chargé de lui répondre, demande et obtient le renvoi au lendemain dix Mars.

PLAIDOIRIE DE M.ᵉ *GRIVART*,

En réplique au ministère public.

Audience du 10 *Mars.*

Messieurs,

A l'impression vive et profonde qu'avait produite sur toutes les parties de ce nombreux et imposant auditoire l'éloquente plaidoirie des appelans, j'avais pensé qu'il me resterait peu de chose à faire ; j'avais cru que ma tâche ne serait ni longue ni difficile ; je supposais qu'ému, convaincu moi-même, cette conviction serait passée dans toutes les ames ; qu'elle aurait forcé toutes les résistances ; qu'elle serait même parvenue jusqu'au banc du ministère public : je me trompais ; la prévention n'a pas reculé Qu'importe, Messieurs, je ne crains pas de le dire hautement, quelle que soit son attitude encore, elle est désormais vaincue. Les défenseurs des condamnés ont parlé ; ils se sont emparés du jugement ; ils vous l'ont montré : « Voyez, » voyez ce qu'on a prononcé contre nous. » Ils en ont déchiré les feuillets ; ils les ont jetés par terre. Le ministère public est alors survenu, avec un talent auquel, il doit nous être permis de le dire, il ne manquait qu'une bonne cause ; il a ramassé ces débris épars au pied de votre tribunal ; il les a réunis, rassemblés, avec beaucoup d'art, sans doute ; il leur a encore donné la forme et la figure d'un jugement ; mais ce n'est désormais qu'une vaine apparence. Il n'y a plus de réalité ; le jugement est brisé.

(Le défenseur est alors arrivé à l'examen de la cause, et il a commencé par discuter les considérations générales présentées par M. le Procureur du Roi.)

Un vaste complot, nous a-t-on dit, s'est ourdi ; il a été dirigé contre la religion de l'Etat ; il a étendu partout ses ramifications, et s'est manifesté à la fois sur plusieurs points du royaume. Juste ciel ! où a-t-on vu cela ? Jeunes citoyens, dont je suis en ce moment l'organe, est-il vrai que dans la malice de votre cœur vous ayez rêvé un projet qui serait encore plus insensé que criminel ? mais dans quel but, dans quel intérêt un semblable complot ? Comment admettre cette odieuse, cette extravagante supposition, que des hommes étrangers, inconnus les uns aux autres, s'entendent, se coalisent d'un bout du royaume à l'autre pour conspirer contre qui ?.... contre Dieu !

Où sont-ils donc les élémens de ce complot imaginaire ? Comment s'est-il manifesté ? le voici.

On a demandé le *Tartufe* à Lille, à Lyon, à Brest. Est-ce là tout ? oui.... Et c'est là un complot !....

Les ministres de la religion, a-t-on dit encore, ont été abreuvés d'humiliations qui ne sont pas encore vengées. Qu'est-ce à dire ? Ministres d'un Dieu de paix, est-ce vous qui demandez des vengeances ? est-ce vous qui nous poursuivez jusque dans cette enceinte ? est-ce en votre nom qu'on réclame des confiscations et des emprisonnemens ?

La société, s'il faut en croire ceux que nous pouvons considérer comme nos adversaires, est travaillée d'une fièvre d'impiété, et c'est aux tribunaux qu'on va demander le remède. Ceux qui parlent ainsi connaissent bien mal notre époque. Il fut un temps, il est vrai, et c'était sous nos rois, où l'impiété devint comme une sorte de mode ; mais on vous l'a dit en première plaidoirie, Messieurs, et nous le répétons, il y a déjà long-temps que cette mode est passée. L'impiété n'est plus dans nos mœurs, dans nos goûts ; elle ne serait même plus de bon ton. Pour s'en convaincre, il suffit d'ouvrir les yeux et de prêter l'oreille ; qu'on entende ce qui se dit, qu'on lise ce qui s'imprime, et l'on verra que l'on méprise la superstition, que l'on déteste le fanatisme, mais qu'on aime et qu'on révère la pure et sainte religion.

On peut interroger tout homme de bonne foi. Quand les temples ont-ils été plus respectés ? quand les prêtres, vraiment dignes de ce nom, ont-ils été honorés davantage ?

Que le ministre des autels se renferme dans les soins de son saint ministère ; qu'il prêche l'union et la concorde ; qu'il enseigne la morale et les préceptes divins ; qu'il secoure ceux qui sont pauvres ; qu'il console ceux qui sont affligés ; qu'il nous bénisse et qu'il prie ; ah ! je le demande à tous ceux qui sont présens dans cette enceinte, en est-il un seul parmi nous qui voulût lui refuser ses hommages et son amour en échange de ses bénédictions ?

Mais lorsque nous entendrons des prédications fougueuses substituées à la parole de Jésus-Christ ; lorsque des vues ambitieuses perceront à travers les apparences de la simplicité et du désintéressement apostolique ; lorsque nous serons convaincus par les révélations de nos cabinets que dans le secret des confessionnaux on s'occupe d'autres soins que de ceux des consciences ;

Lorsque l'on ne peut douter qu'il s'est formé un vaste plan qui grandit, qui marche, et qui menace d'embrasser dans ses immenses développemens tous les gouvernemens et tous les peuples ;

Lorsque la vieille Europe, toute pleine de vieux chrétiens, est traitée comme une peuplade sauvage qui, depuis huit jours, tout au plus, serait éclairée des lumières de l'Evangile ;

Alors nous ne pouvons nous empêcher de nous écrier que tout ceci n'est qu'un leurre, qu'une tromperie, que la religion n'est plus un but, mais un moyen ; et si, condamnant l'œuvre, on nous demande quels sont les ouvriers, nous répondons que nous reconnaissons les Jésuites, alors même qu'ils sont cachés sous le manteau des Apôtres.

Le voilà ce fatal nom de Jésuites une seconde fois prononcé dans cette enceinte ; mais est-ce notre faute ? l'Avocat qui m'a précédé y a été contraint par le jugement, j'y suis forcé par la plaidoirie du ministère public.

Le ministère public a fait cette question : Pourquoi la paix de l'Etat a-t-elle été troublée ? et il y a répondu en disant : Parce qu'un vaste complot s'est tramé contre la religion de l'Etat. Nous avons démontré que nulle part on n'aperçoit de trace de ce complot aussi chimérique qu'odieux ; et répondant à notre tour à la question adressée : Pourquoi la paix de l'Etat a-t-elle été troublée ? nous dirons que l'Etat est tranquille, mais que notre sécurité est inquiétée, que nos alarmes sont éveillées, parce que des proscrits sont revenus, parce que des lois vivantes encore sont méprisées, parce que l'on veut nous imposer les Jésuites, et que nous les repoussons. Pourquoi les repoussons-nous ? le voici ; je vais vous le dire.

Ceux qui voudront juger avec impartialité l'époque où nous vivons, ceux qui n'ont pas pris à tâche de la calomnier, doivent reconnaître que jamais les mœurs publiques n'ont été plus pures ; que jamais les devoirs de la famille n'ont été remplis avec une plus scrupuleuse exactitude ; que jamais les habitudes sociales n'ont été plus sérieuses et plus morales ; mais une altération grave commence à se faire sentir ; et le moraliste qui observe s'afflige et s'épouvante à l'aspect de la génération qui s'élève. Le législateur du Parnasse a dit :

« L'âge viril plus mûr inspire un air plus sage,
» Se pousse auprès des grands, s'intrigue, se ménage, etc. »

Messieurs, cette vérité du temps de Boileau ne serait aujourd'hui qu'un mensonge. Il semble qu'en étendant la main on toucherait au siècle de Louis XIV, et cependant combien nous en sommes éloignés par nos mœurs ! Aujourd'hui, l'âge mûr est celui de la fermeté, du désintéressement, de la franchise ; il a tant vu, il a pu faire tant et de si tristes réflexions ! les révolutions qui se sont succédées ; les changemens de position sociale qui sont survenus, et dont il a été ou témoin ou victime ; les avertissemens de l'opinion publique qui finit par triompher enfin, l'ont éclairé, et il a reconnu que l'amour de la patrie et le respect de soi-même sont non-seulement le plus honorable, mais encore le meilleur de tous les calculs. Mais si l'âge mûr vaut mieux, Jésuites, que voulez-vous faire de la jeunesse ? depuis dix ans, vous vous en êtes emparés ; vous la façonnez, sans doute, à l'accomplissement de vos projets sur l'avenir. C'était l'espoir de la patrie, dans quel état la lui rendrez-vous ? Vous savez, Messieurs, ce qu'était la jeunesse d'autrefois ; il y avait, sans doute, beaucoup à reprendre dans ses actions; elle était vaine, étourdie, prodigue, fougueuse ; mais il y avait tant de bonne foi dans sa vanité, dans son étourderie tant de franchise, dans sa prodigalité tant de désintéressement, dans sa fougue tant de générosité ! C'étaient des défauts, sans doute ; mais ces défauts passaient avec l'âge ; mais du moins ils étaient aimables ; mais ils étaient revêtus d'un vernis charmant. A la place de ces défauts, si vous mettez des vices ! Si Molière, ressuscitant parmi nous, allait retrouver le modèle de son fameux personnage dans plus d'un jeune homme à peine encore affranchi des liens de la tutelle ! De la souplesse, de la flatterie, de l'intrigue, des dehors mensongers, et pas vingt ans, peut-être !.... Voilà ce qui ne s'était vu dans aucun temps, chez aucun peuple. Vous savez ce qu'un magistrat d'un rang élevé a dénoncé à l'indignation publique. Malheureux précepteurs ! prenez-y garde ; vous vous abusez vous-mêmes, nous aimons à le croire ; mais craignez de fatales conséquences ; vous vous rendriez coupables d'un crime inouï jusqu'à nos jours, si la jeunesse devenait hypocrite ! Jeunesse !.... hypocrisie !.... Quelle alliance de mots épouvantés de se trouver réunis !....

Mais il est d'autres considérations qui, non-seulement, ne permettent pas de confier aux Jésuites l'enseignement de la jeunesse, mais qui doivent même leur faire interdire l'entrée du territoire ; ils corrompraient notre foi politique. Les arrêts qui les ont condamnés, les édits qui les ont proscrits, ont proclamé que leur institut était contraire à tout gouvernement. Leurs maximes étaient même redoutables au pouvoir absolu ; pourquoi ? parce qu'ils avaient placé leur puissance en dehors de ce pouvoir ; parce que, sujets de l'Etat, ils avaient un chef qui n'était pas dans l'Etat ; parce qu'ils avaient des sermens qui n'étaient pas prêtés au prince ; parce qu'une volonté étrangère au pays les affranchissait de l'obéissance aux lois du pays; ils étaient dangereux alors, combien plus le seraient-ils aujourd'hui ? S'ils supportaient impatiemment le pouvoir d'un seul, si favorable à leurs intrigues, est-il permis de supposer qu'ils pourront jamais s'accommoder du gouvernement que la Charte nous a donné ? La Cour royale de Paris nous l'a dit par l'organe d'un noble fils des parlemens : L'institution des Jésuites ne peut se concilier avec la Charte ; qui ne le voit, qui ne le sent, en effet ? Si les Jésuites et la Charte se trouvent jamais en présence, il faudra de toute nécessité que l'une cède, ou que les autres se retirent. Pour tout homme de bonne foi, toute cette controverse se résume en ces simples termes : Jésuites, voulez-vous la Charte, ou ne la voulez-vous pas ? Il est impossible qu'ils répondent à cette question. Diront-ils : non, nous ne voulons pas la Charte ? mais alors : que venez-vous, donc, faire parmi nous ? pourquoi vous obstinez-vous à habiter un pays dont les lois ne vous conviennent pas ? de quel front sollicitez-vous l'éducation de nos enfans dont vous ne ferez jamais des citoyens ? vous ne voulez, donc, rester en France que pour y conspirer ? Ah ! la Charte n'a déjà que trop de conspirateurs à craindre ? voyez, voyez en quel état elle est réduite ! et cependant c'est notre bien, on nous l'a donné ; la monarchie française y est tout entière ; la Nation et son Roi se sont réunis, se sont confondus dans ce pacte sacré ; ils sont désormais inséparables. Diront-ils, au contraire, mais nous voulons la Charte ? Ah ! par pudeur ne le dites pas, car la conscience publique se soulèverait et s'écrierait : Jésuites, vous voulez la Charte, vous ! eh ! bien, voyons ; nous allons juger, par vos œuvres, de la sincérité de vos paroles. Vous régnez en Italie ; votre chef y a son trône au fond d'un cloître, et c'est-là qu'il tient dans sa main tous les fils qui vous font mouvoir d'un bout de l'europe à l'autre. Quelles doctrines politiques y prêchez-vous aux peuples ? sont-ce celles d'une noble et sage liberté ? parlez. De l'Italie je vous suis en Espagne. Quel affligeant tableau ! on serait tenté de croire que dans ce déplorable pays il n'y a ni peuple ni roi. Jésuites, à qui la faute ? si je fais un pas plus avant, si je franchis avec vous la frontière, le Portugal s'offre à mes yeux. Quelles sont ces bandes armées que la nation ne reconnaît pas ? pourquoi ces couleurs et ces drapeaux qui ne sont pas ceux de la légitimité ? J'entends des cris, prêtons l'oreille : meure la constitution, vive le roi absolu. Jésuites, je vous vois dans leurs rangs ; ils n'avaient pas d'or, vous leur avez ouvert les trésors de vos couvens; ils étaient désarmés, vous leur avez mis le glaive et le mousquet en main; c'est vous qui les précipitez sur leurs frères; c'est vous qui leur demandez du sang, et pourquoi? est-ce pour arroser les racines de ce jeune arbre transplanté d'un autre hémisphère ? non, non; quelque part que l'on vous suive, de quelque côté que l'on tourne les yeux, on vous voit toujours en lutte, on vous voit toujours aux prises avec la liberté; non, Jésuites, non, vous ne voulez pas la Charte. Allègueront-ils, Messieurs, pour toute justification, que l'on connaît la facilité de leurs doctrines et que l'univers entier sait qu'ils savent s'accommoder à toutes les circonstances ? Il est vrai, le secret de leur morale nous est connu, dès long-tems PASCAL nous l'a révélé; mais pourquoi recevoir des ennemis dans notre sein ? Qu'ils soient italiens, s'ils veulent; espagnols, s'ils le préfèrent, mais alors qu'ils s'éloignent, qu'ils partent et nous permettent d'être français; ou plutôt qu'ils se dépouillent de leur qualité; qu'ils restent parmi nous comme citoyens, comme prêtres; qu'ils fassent partie de la grande famille, qu'ils se renferment dans le sanctuaire et ne prêchent que l'évangile; à ce titre ils auront droit à tous nos respects et nous ne leur refuserons jamais nos hommages; mais soyons convaincus de cette vérité que si les Jésuites s'introduisent dans la Charte, ce ne sera que pour la détruire. Aussi, voyez, Messieurs, quelle méfiance ils font naître en tous lieux; voyez quelle agitation les précède, les accompagne et les suit, et cependant c'est la société que l'on accuse; c'est d'elle que l'autorité se plaint; toujours du bruit, toujours du désordre, toujours de la tempête. Eh! bien, quand cela serait, la cause vous la connaissez; quant au remède il est facile; que Monsieur le Président du conseil saisisse de sa main le sceptre de Neptune; qu'il prononce le *quos ego* de Virgile : Jésuites, retirez-vous, et sur-le-champ ce sera merveille de voir comme les vents s'appaiseront, comme les flots se calmeront et comme le vaisseau de l'État fendra d'un cours facile une mer désormais sans orages.

Mais non, Monsieur le Président du conseil ne le fera pas. O mystère incompréhensible de notre position actuelle! La magistrature déclare que les lois contre les Jésuites vivent encore, le premier corps politique de l'État en demande l'exécution; ces paroles ont été prononcées du haut de la tribune nationale : « Nous ne voulons pas plus des Jésuites que vous. »

Juste ciel, où en sommes-nous donc? la magistrature n'en veut pas, la chambre haute n'en veut pas, le ministère n'en veut pas davantage, qui donc en veut?.....

Mais le ministère explique son inaction. « Vous ne voudriez pas plus que « nous, dit-il, persécuter des individus pour des opinions religieuses. » Qu'est-ce à dire? Ah! sans doute ne soyons pas persécuteurs. Malheur à qui persécute! Anathême sur la tyrannie de quelque manière qu'elle s'exerce! Mais qui pense à persécuter des opinions? qui songe à tyranniser des croyances?

Liberté politique, liberté religieuse, telle est notre devise; voilà notre cri. Nous ne professerons jamais d'autres doctrines; nous ne proclamerons jamais d'autres maximes.

La Charte, voilà ce que nous voulons, mais nous tremblons qu'on ne nous la ravisse. Nous avons parmi nous des hommes qui travaillant, aujourd'hui, dans l'ombre, dans quelques jours, peut-être, à la clarté du soleil, portent la cognée au tronc de cet arbre sacré sous l'ombrage duquel la France demande à reposer. Il a été planté par l'un de nos Rois. Son successeur, à la face des autels, l'a placé sous sa sauve-garde. Hommes du pouvoir, écartez, donc, ceux qui ont juré sa ruine; ne méprisez pas des avertissemens salutaires. La France est agitée, soit; irritée, oui, sans doute; mais voulez-vous dissiper ses alarmes, calmer ses irritations? accomplissez son vœu qui est celui de tous les peuples : des constitutions, partout, des Jésuites, nulle part.

M.ᵉ Grivart embrasse ensuite toutes les autres parties de la cause et les discute avec une grande force de logique et le plus grand éclat; il reçoit de toutes parts, en finissant, les plus vives félicitations.

L'audience, suspendue pendant une demie heure, à la demande de M.ʳ le Procureur du Roi, est reprise : ce Magistrat repond à M.ᵉ Grivart, et le suit dans toutes les parties de sa discussion.

M.ᵉ Duval se lève et réplique à ce Magistrat.

M.ᵉ Bernard demande le renvoi au lundi douze.

Audience du 12 Mars.

M.ᵉ Bernard prend la parole; après la brillante réplique de cet avocat, (*a*) la Cour renvoie pour prononcer le jugement au lundi dix-neuf Mars.

Y. DUVAL, *Avocat.*

(*a*) Cette réplique, celles de MM. Grivart et Duval, l'exposé des faits et l'analyse du réquisitoire de M.ᵉ le Procureur du Roi, ont été immédiatement adressés, de Quimper, à la gazette des tribunaux, qui ne les a pas publiés.

Brest, de l'Imprimerie de J.-B. Lefournier.

AFFAIRE
DU SPECTACLE DE BREST.

Soirée du 12 Octobre 1826.

JUGEMENT DÉFINITIF
sur l'appel émis des jugemens rendus par le Tribunal de Brest.

DÉFENSEURS,
Mrs BERNARD et GRIVART, Avocats à la Cour royale de Rennes, Me DUVAL, Avocat à Brest.

Me POULIZAC, Avoué.

TRIBUNAL CIVIL
SÉANT A QUIMPER,
Chef-lieu du Département du Finistère.

CHAMBRE CORRECTIONNELLE
jugeant par appel.

AUDIENCE du dix-neuf Mars mil huit cent vingt-sept, dix heures du matin, où siégeaient Messieurs GERMAIN, Vice-Président, LE TERSEC, MAUFRAS-DUCHATELLIER, DE KERGRIST, juges, et DELÉISSÈGUES-LÉGERVILLE, juge suppléant, ce dernier appelé en remplacement de Monsieur LE GUILLOU-PÉNANROS, juge, empêché pour cause de maladie, assistés de Maître Jean-François-Marie CLOAREC, fils, greffier.

Présent Monsieur DUBODAN, Procureur du Roi, poursuivant d'office, aux fins de citation, en date du trente Janvier dernier, enregistrée à Brest, le premier Février suivant;

CONTRE

Les Sieurs Jean-Paul MONGIN, âgé de vingt-neuf ans, commis-négociant, né à Brest, y domicilié rue de Siam; Pierre-Marie LAVALLÉE, neveu, âgé de trente-deux ans, négociant, né à Brest, y domicilié rue d'Aiguillon et du Château, au coin du Champ-de-bataille; Marc SIMON, âgé de trente-deux ans, marchand, né à Saint-Omer, demeurant à Brest, rue Royale, n.° 94; Aimable-Désiré DESCHEZ, âgé de vingt-cinq ans, commis-négociant, né à Brest et y demeurant côté de Recouvrance; Thomas-Laurent LOYER, âgé de trente-huit ans, marchand de draps, né à Brest et y domicilié rue de Saint-Louis; François-Jean-Baptiste Mazurié, fils aîné, âgé de vingt-cinq ans, commissionnaire de roulage, né à Brest et y domicilié rue Royale, n.º 90; Auguste Hurel, âgé de vingt-cinq ans, peintre en miniature, né à Paris, domicilié à Brest, rue Saint-Yves; Antoine Delobeau, âgé de vingt-cinq ans, commis-négociant, né à Monopolé, royaume de Naples, domicilié à Brest, rue Jean-Jacques Rousseau; Louis-Charles-Gustave Lavallée, âgé de vingt-un ans, commis-négociant, né à Brest, y domicilié rue Neptune, n.º 1; Hamon-François Galmiche, âgé de trente-ans, marchand de vin en gros, né à Brest, y demeurant Quai-Tourville, n.º 29; Vincent Breton, âgé de dix-neuf ans et demi, commis-négociant, né à Blaye (Gironde), domicilié à Brest, rue de Siam, n.º 12; François-Marie-Hypolite Conrier, âgé de vingt-quatre ans, propriétaire, né à Brest, y domicilié rue de la Rampe, n.º 34; Joseph Barazer, âgé de vingt-quatre ans, négociant, né à Quimper, domicilié à Brest, rue de Siam, n.º 2, et Antoine-François Spréafico, âgé de vingt-deux ans, commis-négociant, né à Lyon, demeurant à Brest, rue prolongée de la Rampe; tous prévenus et appelants tant du jugement définitif rendu contre eux par le Tribunal de police correctionnelle de Brest, le douze Janvier dernier, enregistré le dix-huit, que des jugemens préparatoires ou interlocutoires également rendus contre eux par le même Tribunal, aux fins de déclarations d'appel des vingt-trois Décembre mil huit cent vingt-six et douze Janvier dernier, enregistrées les trente et douze des mêmes mois.

La cause évoquée et appel fait des prévenus, qui sont tous présents, le Tribunal vidant le délibéré ordonné à l'audience du douze de ce mois, Monsieur le Président a prononcé le jugement suivant :

Attendu que les appels des prévenus ont été relevés dans la forme et le délai voulus par la loi;

Attendu que le Tribunal de première Instance a été régulièrement saisi par la citation introductive;

Que sur cette citation, les prévenus ont produit des moyens de défense en la forme et au fond;

Que si par ladite citation introductive, ou par acte séparé, il n'a pas été donné copie de l'ordonnance de mise en prévention, cette notification n'est exigée par aucune loi ;

Attendu que, par les jugemens préparatoires ou interlocutoires dont est appel, il n'a été contrevenu à aucune disposition de loi prescrite à peine de nullité.

AU FOND.

Sur le premier chef.

Attendu que, sans rechercher la cause des événemens qui ont agité les esprits et troublé la tranquillité publique à Brest, pendant les mois de Septembre et d'Octobre derniers, il s'agit uniquement dans l'état du procès de décider si, le douze Octobre, en la salle de spectacle, les appelants ou l'un d'eux, excepté le sieur GALMICHE, qui n'est pas prévenu de ce délit, auraient cherché à troubler la paix publique en excitant le mépris ou la haine des citoyens contre une classe de personnes ;

Attendu que la demande de faire représenter le Tartufe et les cris : Tartufe, Tartufe, ont été proférés avec obstination et violence au milieu d'un tumulte extraordinaire ;

Mais attendu que cette demande et ces cris ne sont pas de nature à pouvoir exciter le mépris ou la haine des citoyens contre aucune des classes de personnes que la loi a spécialement protégées ;

Attendu qu'il n'est pas prouvé que, le douze Octobre, dans la salle de spectacle, l'on ait fait aucune application de ces cris à une classe quelconque de personnes ;

Attendu que, ledit jour douze Octobre, il n'a été jeté dans la salle aucun billet ;

Que ceux produits au procès comme pièces servant à conviction et insérés au Jugement dont est appel, ont une existence constatée antérieure au douze Octobre ;

Qu'aucun de ces billets ne peut être attribué, sans preuve, aux individus qui assistaient à une représentation postérieure à celles où lesdits billets auraient été jetés sur la scène ;

Attendu qu'il est constant par les pièces du procès, et notamment d'après l'ensemble des dépositions orales et des débats sur l'appel, qu'aucun des prévenus n'a commis, le douze Octobre dernier, en la salle de spectacle à Brest, le délit prévu par l'article 10 de la loi du 25 Mars 1822 ;

Qu'ainsi, il y a lieu de les renvoyer tous hors d'action sur ce premier chef.

Sur le second chef.

Premièrement. En ce qui touche la prévention d'outrages publics envers le Maire de Brest, dans l'exercice de ses fonctions ;

Attendu que les faits suivans résultent des pièces du procès, ou ont été appris aux débats :

Le douze Octobre dernier, la représentation de la première pièce fut interrompue par des cris : le Tartufe, le Tartufe, à bas le Maire.

Le rideau était levé, les acteurs sur la scène, aucun ordre ou invitation au public de se retirer, aucune menace de faire évacuer la salle ; au contraire, intention formellement exprimée au public de faire, après le calme rétabli, continuer la pièce, fut-ce même devant les banquettes, afin de tenir à l'exécution des engagemens contractés entre l'autorité compétente et le directeur du spectacle.

La patience, la modération, les exhortations du Maire, tous les moyens de persuasion étant inutiles, et le désordre croissant toujours, les gendarmes de service reçurent des Commissaires de police l'ordre d'entrer au parquet ; mais après leur entrée, ne recevant plus aucun ordre pour agir, ils se retirèrent ou restèrent inactifs sous les loges.

Ce fut alors qu'un piquet de douze grenadiers du régiment d'Hohenlohe, mis à la disposition des Commissaires de police, fut requis par eux d'entrer au parquet la bayonnette au fourreau.

Sur cette réquisition, un caporal et quatre hommes y entrèrent les premiers par la porte du côté gauche, et furent immédiatement suivis par le reste du piquet commandé par un sergent.

Ces grenadiers, qu'aucun officier civil ou militaire ne dirigeaient, ont été vus bien positivement s'avancer entre les banquettes, frappant indistinctement les individus qui se trouvaient devant eux avec la crosse de leurs fusils qu'ils tenaient par l'extrémité du canon, et dont ils se servaient, suivant l'expression de plusieurs témoins, comme d'une faux ou d'une massue.

Un de ces grenadiers frappa un citoyen d'un coup de poing à la poitrine, et d'après les dépositions de témoins placés aux loges de manière à bien voir, ç'aurait été le premier coup porté.

Des officiers d'Hohenlohe qui assistaient à la représentation comme spectateurs, se jetèrent aussitôt entre leurs soldats et les citoyens pour préserver ces derniers ; ils reçurent des coups de crosse qui ne leur étaient pas destinés, et furent aussi atteints par la chute des bancs que le public des loges jeta dans le parquet après avoir vu les grenadiers exercer des voies de fait.

Ni alors, ni depuis, dans le cours du procès, ces officiers n'ont prétendu que les premiers coups eussent été portés par les citoyens, et leur silence à cet égard est une présomption morale qui concorde avec une masse imposante de témoignages.

Immédiatement après l'entrée des grenadiers par la porte gauche, un piquet de voltigeurs du même corps s'était introduit au parquet par la porte à droite, sans avoir reçu aucun ordre pour entrer dans la salle.

La conséquence de cette mesure imprévue, fut qu'une partie de la foule qui remplissait le parquet ne pouvant se soustraire aux coups de crosse en évacuant cette enceinte par les portes, franchit l'orchestre et se réfugia sur le théâtre.

Le désordre était porté au comble. Des cris d'indignation et d'effroi se firent entendre, et l'on proféra ces cris : » Monsieur le Maire, vous « faites assassiner les Brestois, vos concitoyens. »

Reproche injurieux et outrageant, parce qu'il est faux ; supposition démentie par l'ensemble des débats et par la défense elle-même, qui, d'accord sur ce point avec la partie publique, s'est empressée de rendre justice aux intentions pures de ce magistrat.

Cette scène affligeante touchait enfin à son terme. Monsieur le Maire, dirent plusieurs voix, si vous faites retirer la force armée, nous sortirons tous. Le Maire la fit retirer, et la salle fut évacuée à l'instant.

Attendu que le ministère public n'a pas interjeté appel du jugement qui acquitte, sur ce second chef, cinq des prévenus en cause, les sieurs Mazurié aîné, Delobeau, Loyer jeune, Hurel et Mongin ;

Qu'ainsi il n'y a lieu, dans l'état, de prononcer à leur égard sur la prévention d'outrages envers le Maire ;

Attendu que les prévenus condamnés en première instance à raison de ce délit restent au nombre de neuf ; savoir : les sieurs Spréafico, Lavallée jeune, Lavallée aîné, Conrier, Barazer, Breton, Simon (Marc), Deschez et Galmiche ; sur l'appel desquels il s'agit de statuer ;

Attendu qu'il n'est pas résulté des pièces du procès et notamment des débats, preuve suffisante que Lavallée aîné, Conrier, Breton, Simon (Marc) et Deschez, aient été entendus crier : à bas le Maire, ou qu'ils se soient rendus autrement coupables d'outrages envers le Maire, dans la soirée du douze Octobre dernier ;

Que dès lors, il y a lieu de prononcer leur renvoi hors d'action sur ce chef ;

Attendu qu'il est constant au procès que les sieurs Spréafico, Lavallée jeune, Barazer et Galmiche, non-seulement ont été vus dans la salle de spectacle, le douze Octobre, criant et prenant une part active aux premiers désordres qui s'y sont commis, mais de plus qu'ils ont été entendus distinctement crier : à bas le Maire, avant même l'introduction de la force armée ;

Attendu que ces cris proférés dans un lieu public dont la police est attribuée au Maire, constituent le délit d'outrages publics envers un magistrat de l'ordre administratif dans l'exercice de ses fonctions;

Attendu que lesdits Spréafico, Lavallée jeune, Barazer et Galmiche, se sont rendus coupables de ce délit;

Attendu que les excuses ou motifs atténuants allégués par la défense, ne sont pas admissibles; qu'en supposant même qu'avant la soirée du douze Octobre, la prévoyance de l'autorité municipale serait restée en-deçà, ou fût allée au-delà de ce qu'elle devait ou pouvait faire dans des circonstances difficiles, il ne s'en suivrait pas qu'on eût le droit de demander à grands cris et tumultueusement la représentation du Tartufe; encore moins celui de répondre par des outrages aux allocutions modérées d'un magistrat dans l'exercice de ses fonctions.

Secondement. En ce qui touche la prévention d'outrage public envers le Commissaire de police Parison, à raison de ses fonctions;

Attendu qu'au spectacle, dans la soirée du douze Octobre, et pendant le tumulte qui a précédé l'introduction de la force armée, après que le Commissaire de police Lejeune eut annoncé au public qu'encore bien qu'il fut informé qu'il courait des risques pour sa personne en descendant au parquet, cependant il allait y descendre, parce que son devoir le lui prescrivait; et sur ce qu'il lui fut répondu: Il n'y a point d'assassin parmi nous, une voix cria: Monsieur Galmiche, racontez ce qui vous est arrivé;

Qu'alors, le sieur Galmiche élevant la voix, dit, en montrant au public le pantalon qu'il portait, qu'au spectacle du huit Octobre, il avait eu ce pantalon percé d'un coup de baïonnette par des gendarmes auxquels le Commissaire de police Parison avait donné l'ordre de piquer;

Que le sieur Galmiche ne s'en tint pas là; qu'il s'écria: Parison est mon assassin;

Que s'il est attesté aux débats qu'en effet, pendant la représentation du huit Octobre, des gendarmes de service ayant croisé la baïonnette pour empêcher les agitateurs de leur enlever un individu qu'ils venaient d'arrêter, le Commissaire de police Parison leur aurait dit de piquer, d'autres témoins déposent avoir vu en ce moment le sieur Parison étendre les bras pour contenir le mouvement des gendarmes et relever leurs fusils ;

Attendu que l'expression d'assassin et l'imputation d'un fait aussi grave, adressées à un fonctionnaire public, dans la circonstance où se trouvait placé le Sieur Parison, et dans un moment où les esprits étaient violemment agités, ont pu contribuer à augmenter le désordre et par suite à nécessiter l'introduction de la force armée ;

Attendu que c'est aux magistrats seuls et dans les formes légales, que les citoyens doivent adresser leurs plaintes et griefs, à l'effet d'en obtenir justice ;

Attendu que le Sieur Galmiche a commis le délit d'outrage public envers un fonctionnaire public, à raison de ses fonctions.

Sur le troisième chef.

Celui d'avoir frappé à coups de cannes des agents de la force publique, après son introduction dans la salle, le douze Octobre.

Attendu que si les faits imputés aux Sieurs Spréafico et Lavallée jeune, étaient appris aux procès, il resterait à examiner si ces deux prévenus se seraient trouvés dans le cas de la légitime défense de soi-même, en tout cas, si les torts auraient été réciproques ;

Mais attendu qu'il n'est pas suffisamment prouvé que lesdits Sieurs Spréafico et Lavalle jeune ayent frappé, en aucune manière, des agents de la force publique ;

Que dès-lors ils doivent être acquittés sur ce chef ;

Par tous ces motifs :

Reçoit les appellations dans la forme ;

Et y *statuant*, confirme les jugemens tant préparatoires qu'interlocutoires dont est appel ;

Déboute au surplus les appelants de leurs moyens de nullité et exceptions.

Faisant droit au fond :

En ce qui touche Mazurié aîné, Delobeau, Loyer jeune, Hurel, Mongin, Lavallée aîné, Conrier, Breton, Simon (Marc) et Deschez,

Dit qu'il a été mal jugé par le jugement du douze Janvier dont est appel ;

Corrigeant et *réformant*, les décharge des condamnations prononcées contre eux par ledit jugement et les renvoie hors d'action ;

Respectivement à Spréafico, Lavallée jeune, Barazer et Galmiche ;

Emendant, et faisant un jugement nouveau ;

CONDAMNE Spréafico, Lavallée jeune et Barazer, chacun en un mois de prison en conformité de l'article deux cent vingt-deux du Code pénal ;

CONDAMNE Galmiche en un mois de prison et en outre en *cent francs* d'amende, conformément aux articles deux cent vingt-deux du Code pénal et six de la Loi du vingt-cinq Mars mil huit cent vingt-deux ;

CONDAMNE en outre lesdits Spréafico, Lavallée jeune, Barazer et Galmiche solidairement et par corps aux frais et dépens de première instance et d'appel liquidés à la somme totale de *treize cent vingt-quatre francs cinquante-cinq centimes*, en ce, non compris les frais des témoins à charge, officiers de tout grade, sous-officiers et soldats taxés et payés par l'administration de la guerre, en vertu des articles cinquante-deux, cinquante-cinq du Code pénal et cent quatre-vingt-quatorze du Code d'instruction criminelle ;

Lesquels articles précités ont été lus par Monsieur le Président, etc.

Après le prononcé du jugement ci-dessus, Maître Poulizac, Avoué des appelants, a conclu, à ce qu'il plût au Tribunal, ordonner qu'après le délai de pourvoi en cassation, si le ministère public ne croyait pas devoir se pourvoir, les sommes versées pour le cautionnement de la liberté provisoire des appelants, leur seraient restituées par le receveur de l'enregistrement.

Monsieur le Procureur du Roi a conclu, à ce qu'il fût déclaré par le Tribunal qu'il n'y avait lieu, dans l'état, de statuer sur ladite demande.

Le Tribunal, après en avoir délibéré, a déclaré, par l'organe de Monsieur le Président, qu'il y avait lieu de tarder à faire droit pendant le délai de pourvoi en cassation.

Ainsi jugé et prononcé en ladite Audience publique, au Palais de justice à Quimper.

Signé au registre, GERMAIN, LE TERSEC, MAUFRAS-DUCHATELLIER, J. DE KERGRIST, G. DELÉISSÈGUES-LÉGERVILLE et CLOAREC fils, *greffier.*

Enregistré à Quimper le 20 Mars 1827, etc.

Pour expédition conforme :

Le Greffier du Tribunal,

CLOAREC, fils.

BREST, de l'Imprimerie de J.-B. LEFOURNIER.

www.ingramcontent.com/pod-product-compliance
Lightning Source LLC
Chambersburg PA
CBHW060516050426
42451CB00009B/1010